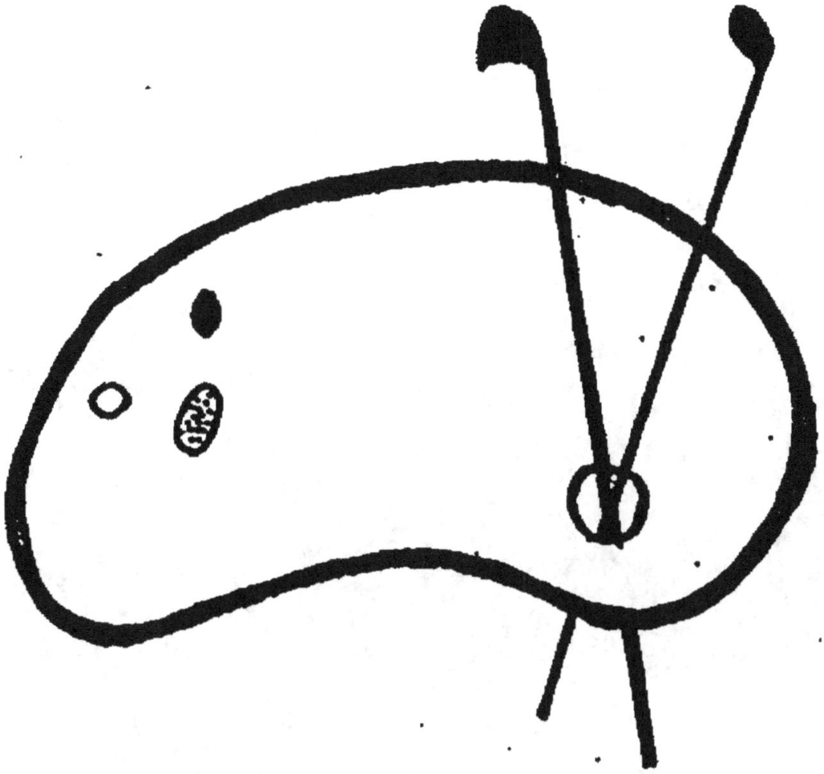

DEBUT D'UNE SERIE DE DOCUMENTS
EN COULEUR

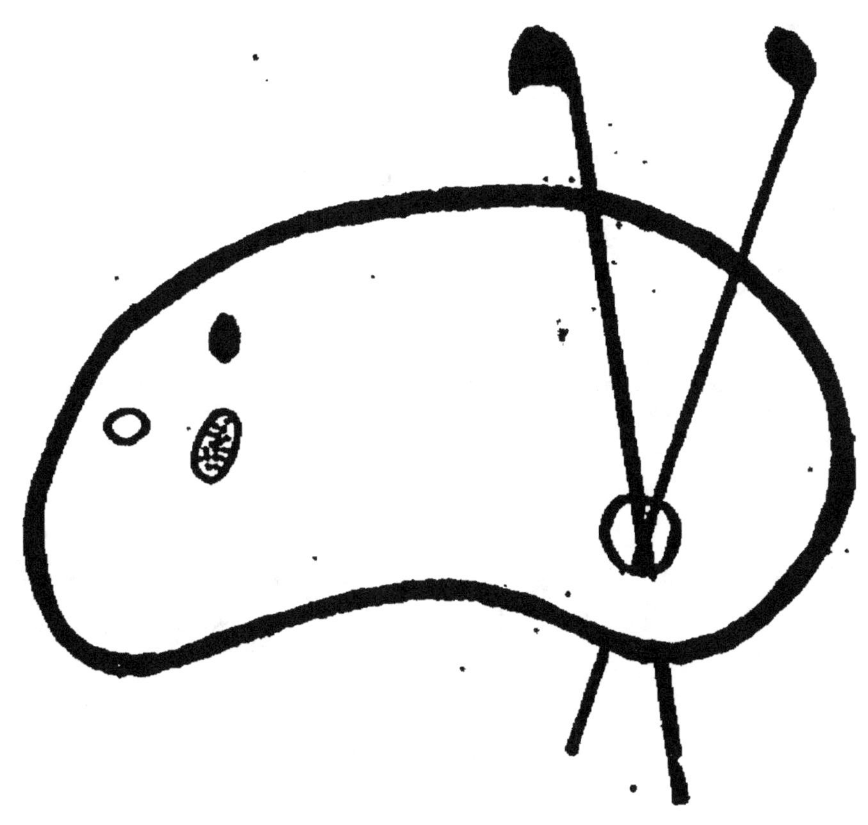

FIN D'UNE SERIE DE DOCUMENTS
EN COULEUR

# L'ÉCOLE
# DE LA PAIX SOCIALE

## SON HISTOIRE, SA MÉTHODE
## ET SA DOCTRINE

PAR

## PIERRE-FRÉDÉRIC LE PLAY

Ancien Sénateur, ancien Conseiller d'État, Inspecteur général des mines
Commissaire général aux Expositions universelles de Paris et de Londres
Auteur des *Ouvriers européens*

———

> L'état le plus parfait est évidemment
> celui où chaque citoyen peut... pratiquer
> le mieux la vertu et s'assurer le plus de
> bonheur.
>
> (ARISTOTE, *Politique*, livre IV,
> ch. II, § 3.)

TOURS

## ALFRED MAME ET FILS, LIBRAIRES-ÉDITEURS

LIBRAIRES A PARIS

| Rive gauche, **LARCHER** | Rive droite, **DENTU** |
| Rue Bonaparte, 57 | Palais-Royal, galerie d'Orléans, 19 |

JUIN 1881

# AVERTISSEMENT

Cette petite brochure a pour base la méthode d'observation qui donne aujourd'hui aux vérités des sciences physiques les apparences de la supériorité sur les vérités des sciences morales. Elle est le résumé du « Petit livre » ayant pour titre *la Constitution essentielle de l'humanité*, lequel résume lui-même les quarante-six livres et brochures de la « Bibliothèque sociale ».

Voulant exposer la science sociale sous une forme aussi brève, j'ai dû recourir, pour les vérités essentielles, au système de renvois indiqué par le § 2 du Document annexé au Petit livre. J'invite donc le lecteur à consulter cette indication.

Je renouvelle à mes collaborateurs, comme à mes « amis inconnus », la requête que je leur adresse depuis la fondation de la Bibliothèque. Je les prie de me signaler tout ce qui, dans le présent écrit, leur semblerait être une idée préconçue, démentie par quelque fait évident. Pour rendre ce service à la science, ils doivent, comme ils l'ont fait jusqu'à ce jour, m'indiquer les faits sociaux que j'ignore et ceux qui sont réfutés par l'observation de certaines sociétés.

Paris, 1er juin 1881.

P.-F. Le Play.

# L'ÉCOLE DE LA PAIX SOCIALE

## § 1

### L'histoire et la méthode de l'École.

Les deux premiers termes du programme assigné à la présente notice se rapportent, à vrai dire, au même objet : l'histoire de l'École se confond avec celle de la découverte et de la propagation de sa méthode. Les premiers germes de cette découverte furent créés en 1829 et en 1830. Puis ils se développèrent sans relâche, grâce aux voyages que j'entrepris en Europe et en Asie avec le concours d'une foule de personnes dévouées comme moi à la réforme sociale. En mentionnant tout d'abord ce concours, comme c'est mon devoir, j'ai surtout en vue les amis dont les noms figurent en tête des monographies de familles ouvrières qui constituent à la fois le principal résultat et le meilleur exposé de la « méthode sociale », base de notre enseignement. Je me reporte en outre aux nombreuses dames qui ont montré une aptitude extraordinaire dans les recherches réclamées par la confection des bud-

gets domestiques do ces familles. Ces budgets
sont l'élément essentiel des monographies; et cependant, à quelques exceptions près, les noms
de mes collaboratrices les plus utiles sont complètement omis dans l'ouvrage intitulé *les Ouvriers européens,* où ces monographies ont été
publiées. Cette omission a deux causes domi-
nantes. En premier lieu, pendant vingt ans, je
n'ai pas soupçonné que cette partie de mes travaux deviendrait l'objet d'une publication, et je
n'ai pu songer, après l'achèvement de chaque
étude locale, à réclamer de ceux qui m'avaient
prêté leur concours l'autorisation de publier
leurs noms. En second lieu, les deux éditions
des *Ouvriers européens* présentent à peine la
cinquième partie des documents recueillis au
cours de mes voyages.

Les sympathies qui se groupaient autour de
ces premiers travaux furent singulièrement en-
couragées par l'approbation solennelle que l'Académie des sciences de Paris donna en 1855 à la
méthode d'observation décrite dans la première
édition in-folio des *Ouvriers européens* (O.e., I, III,
4, p. 436.) En cette matière spéciale, l'Académie
était l'autorité compétente; mais, en fait, son
approbation s'étendit moralement à la doctrine
que j'avais induite des monographies et résumée
sommairement dans l'appendice annexé à l'in-
folio. Lors donc que je développai cette doctrine

en 1864 dans mon second ouvrage *la Réforme sociale en France*, je trouvai la presse et le public préparés à faire bon accueil à ce livre, et beaucoup d'esprits disposés à en adopter les conclusions. A partir de cette époque, les adhérents de la méthode et de la doctrine se multiplièrent : ils fondèrent, conjointement avec moi, les cinq institutions dans lesquelles ils se groupent aujourd'hui, à savoir : la Société d'économie sociale, les Unions de la paix, l'École des voyages, les Conférences sociales et le Comité de la Bibliothèque. Enfin, ils m'aidèrent à créer cette Bibliothèque, qui est le principal résultat de nos communs efforts.

Depuis 1865, ces efforts ont eu pour objet la composition et la réimpression des quarante-six volumes et brochures énumérées dans la composition de la Bibliothèque sociale, p. 62. De 1877 à 1879, notamment, nous avons publié la deuxième édition in-8° des *Ouvriers européens*, en faisant de nombreuses additions à l'édition in-folio, qui était épuisée depuis 1856. Dès que ce travail fut achevé, les maîtres de l'école qui adoptent la Bibliothèque sociale comme base de notre enseignement, me prièrent de résumer toute cette bibliothèque en un seul volume ayant pour titre *la Constitution essentielle de l'humanité*. Ce nouveau travail, commencé en 1879, fut terminé en décembre 1880. Pendant ce mois, l'École fondait sa *Revue* périodique. Le 15 janvier 1881, le jour même où je signais la préface de *la Constitution essentielle* et où paraissait le premier numéro de la Revue, un travail complémentaire me fut demandé. Les amis qui président au développement de l'École en France et à l'étranger m'engagèrent à condenser, dans une très petite brochure, les enseignements de la Bibliothèque, déjà résumés dans *la Constitution essentielle*. Cette brochure devait seconder l'action que chacun d'eux exerce dans la localité qu'il habite : elle répondrait aux questions qui leur sont journellement adressées par les personnes qui veulent à la fois participer aux travaux accomplis par les deux sociétés-sœurs de l'École (§ 15) et recevoir l'enseignement donné par la Revue. La présente notice répond à ce désir de mes amis.

§ 2

Point de départ de la doctrine : les analogies et les contrastes entre l'homme et l'animal.

Les êtres innombrables qui vivent et se meuvent à la surface du globe terrestre sont portés par des instincts innés à s'assurer le bien-être que comporte leur nature. Pour tous, cette situation a pour symptôme la quiétude de l'individu : elle est obtenue quand celui-ci s'est procuré la nourriture nécessaire à sa subsistance, et quand il a assuré la perpétuité de son espèce. Ces conditions du bien-être de l'animal ne sont point subordonnées à l'éducation ou à la volonté des individus : elles leur sont imposées par des tendances instinctives, liées indissolublement à l'organisation physique de l'espèce. Les animaux se montrent passifs, pour la plupart, devant les influences émanant du sol ou du climat. Dans leurs rapports avec le monde extérieur et spécialement avec les individus des autres espèces, ils semblent rester étrangers à toute notion de bien et de mal.

Il existe certaines analogies entre l'homme et l'animal. Elles se manifestent particulièrement par le besoin de nourriture qui est indispensable à la subsistance de chaque individu et par l'existence de l'appétit sensuel qui a pour but la reproduction de l'espèce. En ce qui concerne les autres phénomènes de la vie, on n'a guère d'ailleurs à signaler que des contrastes. Chez l'homme, il est vrai, comme chez l'animal, le bien-être a pour symptôme la quiétude des individus, et pour criterium le règne de la paix; mais cette heureuse condition n'est plus assurée à chacun par des tendances innées en rapport avec l'action spontanée des organes physiques. Elle est, au contraire, le fruit principal des qualités développées dans l'individu par une bonne éducation et par l'exercice de la volonté. Quand ces qualités existent en effet, l'homme réagit utilement contre les influences inhérentes à l'action spontanée des forces locales. Il peut alors s'élever, grâce à l'usage judicieux de sa volonté, à un état de bien-être qui a pour criterium la paix, qui est nommé, selon les cas, le « bonheur » ou la prospérité, et qui est fort supérieur au bien-être purement physique des animaux. Toutefois cet état est acquis seulement à celles des sociétés humaines qui, dans leurs rapports avec les autres, subordonnent leurs actions à la distinction du bien et du mal. Quand cette distinction n'est point imposée par l'éducation aux individus, ou quand leur volonté est défaillante, les sociétés humaines peuvent tomber dans un état de souffrance et de dégradation que les animaux ne présentent jamais.

## § 3

**Pourquoi la famille, élément constitutif des sociétés humaines, incline spontanément à la paix.**

Les sociétés humaines ne jouissent des avantages inhérents au règne de la paix, que lorsqu'ils sont acquis à toutes les familles, c'est-à-dire aux éléments constitutifs de la race. Or la préoccupation dominante de chaque famille est la crainte de voir tarir la source du pain quotidien, qui est son besoin journalier le plus urgent. Cette crainte elle-même a surtout pour objet la violence que déchaînent les discordes intestines et les guerres étrangères. La responsabilité qu'entraîne la subsistance de la communauté familiale pèse particulièrement sur les chefs de famille et, sous l'inspiration de ce sentiment, ils inclinent vers la paix.

La Bible, un des plus vieux monuments de l'histoire, justifie d'ailleurs l'importance sociale, attachée par notre École au règne de la paix. Aux bonnes époques, ce livre a été pour l'humanité l'instrument par excellence de la prospérité et du bonheur. L'Ancien Testament, comme l'Évangile, a rempli cette haute fonction dans l'organisation sociale des peuples européens. Il n'a pas seulement transmis le texte du Décalogue, c'est-à-dire la source éternelle de l'ordre moral. Il a perpétué dans la mémoire des hommes les exemples de sagesse donnés par un des grands hommes de l'antiquité : c'est ce qu'il a fait notamment en signalant le roi qui, pendant son règne, enleva aux Hébreux la crainte de la guerre. « Dans Juda et Israël tout homme demeura sans crainte, sous sa vigne et son figuier, depuis Dan jusqu'à Bersabée, pendant tout le règne de Salomon. » (La Bible : *les Rois*, III, iv, 25.)

## § 4

**Pourquoi les familles vivent en paix, quand elles sont soumises aux commandements du Décalogue.**

Selon les indications de la raison et de l'expérience, le père et la mère constituent, par leur entente mutuelle, le pouvoir le plus apte à établir le règne de la paix dans les générations successives de la famille. L'autorité paternelle l'emporte, en effet, par trois motifs principaux sur les autres pouvoirs qui interviennent dans le gouvernement des sociétés : elle se constitue naturellement, grâce à l'état de dépendance, qui est la condition obligée des enfants pendant le premier âge; elle est portée, par ses tendances innées, à conquérir l'obéissance de ses sujets, non par le recours à la force, mais par les témoignages d'amour; à défaut de la force qui lui manque pour réprimer la révolte, elle comprend la nécessité de faire appel à l'action pacifique que la religion exerce sur les âmes. Lors donc qu'elle se trouve dans un état d'isolement, quand elle n'est pas secondée par les corps publics, qui, dans toute société agglomérée et prospère, pourvoient à ce besoin essentiel, elle institue spontanément le culte de Dieu au foyer domestique. Dans toute société où la paix règne, l'autorité paternelle, soit isolée, soit agglomérée, donne ainsi à ses subordonnés l'exemple du respect dû à une autorité plus haute que la sienne (C.o., préface, XI.) D'un autre côté, les jeunes générations ne sont point portées à l'obéissance envers les parents, comme ceux-ci à l'amour de leurs enfants. On s'explique donc que la soumission de la famille aux quatre premiers commandements soit pour elle une des conditions nécessaires du bien-être fondé sur la paix.

L'obéissance aux six derniers commandements du Décalogue n'est pas moins indispensable au bonheur d'une association de familles. Dans chacune d'elles, les jeunes générations dont les tendances innées vers le mal n'ont point été domptées par l'éducation ne sont nullement portées à la paix. Loin de là, elles déchaînent la discorde et la guerre par des attentats qui mettent en péril la vie, la dignité, la subsistance et la sécurité des familles voisines. Toutes les sociétés s'accordent à nommer « loi morale » les prescriptions qui résultent des dix commandements du Décalogue.

Le commandement V interdit toutes les formes de la violence, et spécialement celle qui est poussée jusqu'à l'effusion du sang humain. Les commandements VI et IX condamnent le développement exagéré des appétits sensuels; ils concernent surtout celui qui, violant le respect dû au caractère de la femme, la rend indigne d'être associé en qualité de mère, par le mariage, à l'autorité que lui confère le quatrième commandement. Les commandements VII et X réprouvent les actes et même les pensées qui tendent à l'acquisition injuste de la propriété des voisins. Enfin, le commandement VIII flétrit toutes les formes du mensonge, et notamment les faux témoignages qui compromettent la juste punition de ces divers attentats.

Les familles qui s'associent pour se procurer dans ces conditions le bonheur fondé sur la paix, pratiquent en fait un ensemble de coutumes. Celles-ci varient selon les lieux; mais elles se rattachent toutes au Décalogue et à six autres principes qui forment avec lui « la Constitution essentielle de l'humanité ». L'une des coutumes les plus apparentes de ce régime est l'établissement d'un pouvoir, obéi de tous, qui assure la pratique de cette Constitution.

### § 5

**Les races simples et les races compliquées.**

Depuis les premiers âges de l'humanité, les sociétés humaines ont constitué ce pouvoir sous deux régimes différents. Elles continuent même de nos jours à présenter le contraste signalé, dans l'épigraphe de cet écrit, par les auteurs réformistes du dernier siècle.

Les premières sociétés ont conservé le sol et les eaux dans l'état où les ont trouvés les fondateurs de la race. Pour elles, le travail consiste à récolter par la pêche, la chasse, la cueillette et le pâturage, les productions spontanées qui pourvoient à la nourriture et aux autres besoins désignés dans la prière des chrétiens sous le nom collectif de « pain quotidien ». Le père et la mère, soumis au Décalogue, convaincus qu'il a été révélé par Dieu à leurs ancêtres (O. e, In, 2), enseignent la loi morale à leurs enfants et répriment les attentats commis contre cette loi.

Les secondes sociétés, au contraire, compliquent le régime du travail en défrichant le sol. Elles pourvoient au service du pain quotidien par l'agriculture, l'industrie manufacturière et le commerce. Elles agglomèrent les familles et les absorbent dans la poursuite du pain quotidien jusqu'à les rendre incapables d'enseigner la loi morale et d'en assurer la pratique. Elles confient ce devoir à deux corps publics nommés « les ministres de la religion et de la souveraineté.

## § 6

**Comment, jusqu'à ce jour, le bonheur des hommes a décru à mesure qu'ils se sont éloignés de la région boréale où persistent les productions spontanées du sol et des eaux.**

La décroissance signalée par le titre de ce paragraphe est un trait dominant chez les Européens et les Asiatiques. Ce trait est constaté depuis les premiers âges de l'histoire, et il est confirmé par l'observation des peuples contemporains. La permanence de ce phénomène social démontre qu'il est le résultat de certaines influences locales qui combattent la soumission au Décalogue avec d'autant plus d'intensité qu'elles agissent plus loin de la région boréale (§ 4). La persistance des productions spontanées vers le pôle et l'accroissement progressif du froid à partir de l'équateur figurent au premier rang de ces influences. D'un autre côté, deux causes principales modifient le phénomène signalé : l'une, toute physique, est la variation brusque du relief des territoires ; l'autre, toute morale, naît de la tradition qui a développé, à une époque antérieure, chez les gouvernants les habitudes de vertu ou de corruption.

La partie habitable du globe terrestre que je nomme « la région boréale », commence uniformément au 72e degré de latitude. Elle s'arrête au 60e sur les rivages de la mer du Nord et de la Baltique, au 50e en Amérique, et s'étend jusqu'au 45e dans l'Europe centrale et en Asie. Dans toute cette étendue, persistent les productions spontanées qui existaient avant l'apparition relativement récente de l'homme. Au Nord dominent les eaux marines exploitées par des races de pêcheurs. Au centre se rencontrent des forêts d'arbres résineux parsemées de clairières qu'exploitent des races composées surtout de chasseurs. Au midi enfin apparaissent des steppes (O.e, I, ii, 2), exclusivement habitées en Asie par des pasteurs et par des chasseurs en Amérique. Les constitutions sociales de ces trois races simples de la région boréale sont, pour la plupart, identiques avec la Constitution essentielle; aussi est-ce parmi ces races que j'ai aperçu pour la première fois, en traits distincts, les sept éléments de ce régime (C.e, Aperçu préliminaire, § 4). Chez celles de ces populations qui offrent les meilleurs modèles, la soumission au Décalogue est assurée par l'autorité paternelle, soumise elle-même à Dieu.

La décroissance du bonheur fondé sur la paix ne se produit pas seulement de l'équateur à la région boréale : elle est manifeste dans cette région même, du nord au midi, sur les trois zones occupées par les trois races que je viens de signaler. Ce phénomène social a, sur ces trois zones comme sur les régions tempérées et chaudes, la même explication : plus la chaleur du climat augmente, plus il est difficile au peuple et surtout aux gouvernants, de pratiquer la loi morale et d'éviter la corruption.

Les pêcheurs de la zone glacée pratiquent mieux que toute autre race les principes de la constitution essentielle. La supériorité qui leur est acquise à cet égard peut être démontrée par ce fait qu'ils ne songent point à organiser la souveraineté. Les conflits qui s'élèvent sont toujours apaisés par les chefs des familles intéressées. Chez les chasseurs de la zone centrale, la propriété des forêts qui leur fournit la subsistance n'est point attribuée à certaines familles dirigeantes; elle n'est pas non plus partagée entre toutes les familles. Elle l'est toujours entre des tribus indépendantes. Les conflits amenés entre deux tribus voisines par la poursuite du gibier, rendent déjà nécessaire l'organisation de la souveraineté. Celle-ci est habituellement confiée à un conseil d'anciens où siègent tous les chefs de familles. Sous ce régime de propriété communale et de souveraineté collective, les conflits que le droit de propriété soulève entre deux tribus sont facilement apaisés par la sagesse des anciens. Ceux-ci sont encore plus aptes à conjurer les discordes qui divisent au sein de chaque tribu des familles placées, en ce qui touche les moyens de subsistance, dans des conditions d'égalité. Les pasteurs, enfin, présentent un cas intermédiaire entre la condition sociale qui caractérise les populations des deux zones précédentes et celle qui distingue les nations de la région tempérée. Parmi les races pastorales, en effet, les unes restent simples en conservant le régime de la propriété communale; les autres se compliquent en créant la propriété patronale et la propriété familiale.

## § 7

**Comment les trois races simples de la région boréale ont toujours donné l'exemple de la soumission au Décalogue.**

La supériorité sociale signalée ci-dessus (§ 6) pour les pêcheurs qui habitent la zone glacée des deux continents s'explique par un fait que ne présente aucune autre race. Ce fait est la simplicité de la Constitution sociale, qui elle-même est le résultat de la nature exceptionnelle des lieux. Non seulement l'autorité paternelle procure, comme dans les deux autres zones, à chaque membre de la famille le bonheur fondé sur la paix; mais en outre, presque partout, le père est dispensé de se　　　　　　 avec ses voisins, soit pour organiser le droit de propriété, soit même pour régler l'usage des eaux marines, habituellement glacées, d'où la population tire ses principaux moyens de subsistance.

Dans les trois zones, les jeunes gens obéissent spontanément aux vieillards qui exercent la souveraineté. Ils ne sont point obligés, comme ceux qui habitent certaines localités de la région équatoriale, de renoncer, pendant leurs migrations périodiques, à la direction des vieux parents, ou même de les abandonner, faute de moyens de transport (C. e, IV, 2). La neige qui persiste, pendant la majeure partie de l'année, sur toute la surface de la région boréale, facilite, en effet, les transports opérés par « traînage » sur des territoires dénués de routes et de ponts. Elle permet à des familles nombreuses de rester réunies pendant les fréquentes migrations de chasse et de pêche. Dans l'extrême nord, où la température descend parfois au-dessous de 40 degrés centigrades, la neige, découpée en moellons cubiques, fournit les matériaux d'habitations sèches, relativement chaudes sous ce rigoureux climat, et improvisées, pour chaque nuit, par la partie faible de la famille qui ne peut s'employer utilement au travail de la subsistance. Les animaux employés aux transports sont généralement les chevaux, les chameaux et les bœufs, près de la frontière sud, où abondent les herbes; à l'extrême nord, ce sont toujours des chiens, nourris comme la famille, avec la chair, la graisse ou l'huile des animaux sauvages et du poisson.

L'un des caractères distinctifs des trois races boréales est la rareté relative des infractions à la loi morale. L'appétit sensuel le plus dangereux est amorti par le froid. Le vol du bien d'autrui est peu fréquent, vu la rareté des produits stables qui peuvent être accumulés par le travail. L'effusion du sang, en l'absence de ces attentats, n'est guère provoquée par l'esprit de haine et de vengeance. Enfin, dans ces mêmes circonstances, l'émission des faux témoignages est évidemment restreinte dans la même mesure que l'action répressive exercée par les magistrats.

Le bonheur, qui est en quelque sorte une production indigène chez les races boréales, n'a point pour unique cause primitive la froidure du climat; il n'engendre pas seulement une bonne organisation de la famille et la pratique de la loi morale; il est lié, en outre, à la nature du travail, qui procure à ces populations simples les moyens de subsistance. La récolte des productions spontanées du sol et des eaux par la cueillette, la pêche, la chasse et le pâturage, est en elle-même une occupation attrayante. Au contraire, l'agriculture et l'industrie manufacturière constituent partout un pénible labeur. Cette opinion est justifiée par un fait. Les races boréales qui vivent de pêche et de chasse diffèrent toutes de certains peuples pasteurs que je signalerai plus loin (§ 8) : elles ne quittent jamais spontanément les localités qu'elles habitent.

Si, en raison d'une cause accidentelle, des individus appartenant à ces races sont amenés dans les contrées agricoles, ils succombent à la nostalgie, quand ils ne sont pas reconduits promptement au lieu natal. On peut caractériser le genre de bonheur dont jouissent les races de la région glacée, en disant qu'elles sont presque « obligées » de pratiquer la loi morale. Elles ne peuvent se procurer une foule de satisfactions physiques et intellectuelles, qui sont cependant compatibles avec le règne du bien. Ces satisfactions ne sont pas indispensables au bonheur, et elles déchaînent la souffrance dès que les populations en abusent. Tous les éléments de bien-être qui s'ajoutent à la jouissance du pain quotidien et à la pratique de la loi morale, constituent « la prospérité ». Les nations prospères ont toujours considéré la richesse, la science et la force comme les traits les plus enviables de leur condition.

Dans les régions chaudes, et surtout dans la région tempérée, les hommes ont toujours montré une tendance irrésistible vers ce complément de bien-être. Quand ils ont usé judicieusement de la liberté que le climat leur laisse à cet égard, ils ont beaucoup augmenté le pouvoir qu'ils exercent sur l'ensemble de la création. Toutefois, ce genre de bien-être n'a eu, jusqu'à présent, chez aucune nation prospère la permanence que présente, depuis les premiers âges de l'humanité, le bonheur des races simples de la région froide, et il n'a eu quelque durée que dans les grands empires de la région tempérée.

## § 8

**Comment l'étude des races pastorales explique la diversité des fonctions sociales qu'elles ont remplies dans le passé.**

Les steppes qu'habitent les pasteurs asiatiques sont plus ou moins enchevêtrées, grâce aux variations brusques de climat offertes par le relief du sol, avec les territoires de la région tempérée. Bien que la neige joue un rôle prépondérant dans la formation de ces territoires, les pasteurs de l'Asie ont pu participer, en certaines localités, à la prospérité. Selon la nature des lieux et les traditions qu'établit, à la longue, la pratique du bien et du mal, ils ont présenté dans l'histoire et offrent encore de nos jours trois régimes principaux.

Les uns, par l'ensemble de leurs habitudes,

se rapprochent des chasseurs qui habitent les forêts contiguës aux frontières septentrionales des steppes, et ils tirent même de la chasse une partie notable de leur subsistance. Ils conservent la soumission au Décalogue, la propriété communale et la division en petits groupes qu'exige naturellement l'attribution de la souveraineté à un conseil d'anciens où siègent tous les vieillards chefs de famille.

D'autres races de pasteurs adoptent la propriété familiale; et elles sont souvent conduites à instituer tôt ou tard la propriété patronale en faveur des familles qui montrent dans leur gouvernement domestique du discernement et de la sagesse. Sous ce régime se forment des familles prospères qui ont tout au moins la richesse et la force, et qui, en abusant de ces avantages, peuvent provoquer la discorde. Ce cas s'est parfois présenté dans le passé : les forts ont opprimé, puis soumis les faibles; peu à peu, de grands empires se sont constitués; ils ont défriché les steppes, bâti des villes et acquis assez de puissance pour ravager le Continent. Alors, la corruption et la décadence sont survenues, puis l'herbe a envahi de nouveau les espaces occupés par les populations agricoles et urbaines.

De nos jours le développement inouï des deux grands empires de l'ancien continent, la Russie et la Chine, ne laisse plus aux pasteurs contemporains qu'un rôle subordonné. Toutefois, par compensation, les pasteurs qui conservent les régimes de la propriété patronale et familiale retrouvent, à défaut de la prospérité, le bonheur fondé sur la paix. A cet effet ils se placent, au prix d'un tribut annuel, sous la protection du souverain le plus proche.

§ 9

**Le bonheur sous les climats glacés ou froids, et la prospérité
sous les climats chauds ou tempérés.**

Le genre de bien-être que j'ai signalé ci-dessus (§ 7) sous le nom de « bonheur », est au fond incompatible avec une tendance impérieuse de l'homme. Dans les trois zones glacées ou froides de la région boréale, le sol le plus propre à créer le bonheur est le moins apte à nourrir ses habitants. Cette infériorité est telle qu'à surface égale, les régions chaudes ou tempérées peuvent, en certains lieux, nourrir une population centuple.

Au premier aperçu, ce fait semble impliquer une conclusion naturelle. Les premiers hommes ont dû s'établir dans les steppes contiguës aux climats froids où le travail qui procure la subsistance était le plus facile et le plus attrayant.

En se multipliant, les nouvelles générations ont dû se rapprocher des climats tempérés.

## § 10

**Un exemple du bonheur spécial aux races pastorales qui vivent en paix.**

Les nations compliquées de l'Occident sont peu disposées à se rendre compte du rôle important que les pasteurs ont rompli dans le passé. Je crois donc utile de rappeler ici sommairement la place qu'ils ont occupée dans mes travaux, et d'indiquer, par un exemple, celle qu'ils doivent conserver dans les études de l'école.

Dès ma première enfance, j'eus l'occasion d'apprécier l'importance sociale qui reste acquise à l'industrie du pâturage et à la récolte des productions spontanées du sol et des eaux. J'ai dit dans *les Ouvriers européens* (O. e., I, 1, 4) comment, pour participer à cette récolte, je me joignais aux autres enfants du village qu'habitaient mes parents. Depuis cette époque, j'ai eu cent occasions de comprendre que la partie essentielle de cette récolte nous était assurée par le libre pâturage de notre chèvre laitière. De même, quand je terminai, de concert avec mon plus vieil ami, Albert de Saint-Léger, la monographie

qui fixa en 1839 le cadre adopté depuis lors
pour les monographies de familles ouvrières (O.
o., V, vi), nous arrivâmes à la même conclusion.
Une partie fort utile de la fonction sociale que
mon ami remplissait était la conservation d'une
coutume traditionnelle de ses ancêtres, alors dé-
truite dans le Morvan chez la plupart des autres
grands propriétaires. Cette coutume assurait aux
bordiers le libre pâturage de leurs chèvres lai-
tières ; et elle subsiste encore sur ses domaines.

L'importance sociale du pâturage me fut souvent rappelée par la lecture des écrivains du
xviii° siècle. Au milieu de la corruption et de la
souffrance qui débordaient autour d'eux, ces
écrivains se plaisaient à signaler la vertu et le
bonheur des races pastorales. Ils réfutaient ainsi
d'avance les contemporains qui croient le bonheur lié au « progrès de la civilisation » ; mais
autant que ceux-ci ils méconnaissaient la prépon-
dérance de la loi morale. Je viens d'en dire
assez sur ce point pour faire comprendre au lecteur que l'étude des races pastorales a dû être
une de mes principales préoccupations pendant
mes trois voyages de Russie. Je me borne à dire
ici, en quelques mots, ce que j'ai fait à cet égard,
et surtout ce que je recommande à la sollicitude
des futurs voyageurs de notre École.

En 1837, pendant l'exploration qui me retint
quatre mois entre la mer d'Azoff et la Cas-

pienho, j'eus l'occasion d'admirer les mœurs de plusieurs familles de pasteurs établis au nord-est de cette mer et attirés dans la région d'Astrakan par leur commerce de bestiaux. La même année, l'empereur Nicolas, après la grande revue qui avait eu lieu au camp de Vossnessensk, daigna me témoigner sa haute satisfaction au sujet des résultats qui lui avaient été signalés par l'aide de camp général, attaché à l'exploration que je venais d'accomplir. Après de longs entretiens qui me laissèrent une impression profonde, j'obtins de Sa Majesté la promesse que je serais secondé, dans les deux voyages suivants, par des ingénieurs habitués au travail des mines et versés dans la connaissance des pasteurs asiatiques.

En 1844, conformément aux ordres de l'Empereur, le général Tchevkine, chef d'état-major du corps des mines, me présenta, dès mon arrivée à Saint-Pétersbourg, deux ingénieurs dont il estimait les talents; et nous arrêtâmes immédiatement le plan de campagne qui fut mis à exécution dans ce second voyage. L'un, le capitaine Alexandre Péretz, m'accompagna dans l'Oural, et m'aida à observer les pasteurs que leur commerce attirait dans ces montagnes (O. E., II, In. 2). L'autre, le capitaine Vlangali, initié comme le premier à la méthode d'observation, se rendit dans l'Altaï, à la recherche de la localité où je pourrais, de concert avec lui, dans un troisième voyage, projeté pour l'année 1853, étudier les pasteurs qui jouissent du sort le plus heureux.

Les préparatifs nécessaires à l'exécution du troisième voyage furent longuement discutés, d'après les renseignements communiqués par le capitaine Vlangali. Ce travail fut accompli en 1851, à l'exposition universelle de Londres, où se trouvaient réunies les personnes qui devaient prendre part à cette expédition, avec un ami de la science sociale, lord Ashburton, qui désirait coopérer aux dépenses au moyen d'une subvention accordée à un savant Anglais. Conformément au plan qui avait été adopté, je quittai Paris au premier printemps de 1853, avec ma courageuse femme et mon ami Albert de Saint-Léger; mais à peine parvenus sur le territoire russe, à Taganrock, nous fûmes brusquement arrêtés par trois mauvaises nouvelles : l'invasion du choléra à Saint-Pétersbourg, la mort subite du chef russe de l'expédition, l'événement fortuit qui empêchait notre ami de nous guider dans l'Altaï. La guerre de Crimée, qui éclata peu de temps après, ne nous permit pas de reprendre, les années suivantes, l'exécution de notre projet. Elle changea complètement les situations de notre personnel. Le capitaine Vlangali, en particulier, trouva, dans la sagesse que lui avait inculquée l'observation des pasteurs, le moyen de se créer, en l'appliquant à la diplomatie, une carrière utile à sa patrie et à la paix du monde. Après avoir, pendant onze années, représenté l'empire russe à la cour de Pékin, en qualité de ministre plénipotentiaire, le général Vlangali a maintenant conquis une honorable retraite. Chaque année, il vient me visiter à Paris, et il m'aide à exprimer aux maîtres et aux disciples de notre école les regrets que nous ont laissés les mécomptes survenus en 1853. La guerre de Crimée, en effet, n'a point amélioré le sort des quatre nations qui l'ont subie. Loin de là, par ses résultats immédiats, et surtout par ses conséquences indirectes, elle a peu à peu développé le germe des discordes intestines qui s'y manifestent aujourd'hui. Au contraire, selon les enseignements de notre ami, les petits peuples que nous devions visiter continuent à offrir l'exemple du bonheur fondé sur la paix.

Les *Dvoédantzi,* établis sur la frontière commune à la Russie et à la Chine, doivent ce bonheur au régime des « deux tributs [1] » qui, depuis six cents ans, procure les mêmes avantages aux pasteurs du pays d'Andorre, situé à la frontière commune de la France et de l'Espagne. Moyennant deux légères redevances attribuées aux suzerains, le peuple protégé est mieux garanti de l'oppression qu'un seul protecteur pourrait exercer,

[1] Le mot *Dvoédantsi* exprime, dans la langue russe, les petites races soumises à ce régime de souveraineté.

Les Dvoëdantzi de l'Altaï habitent la localité que signale le croquis ci-joint. Ils vivent dans

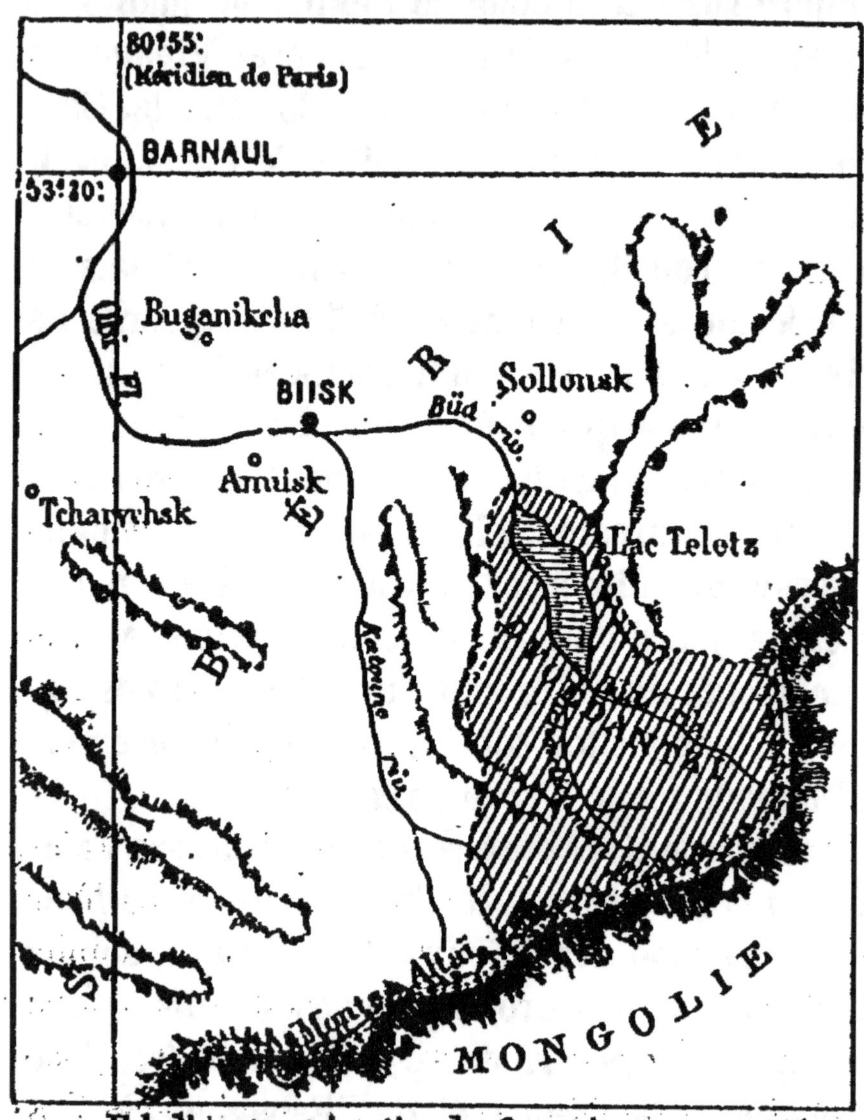



Echelle approximative du Croquis. 0.01 pour 70ᵏ

l'état de bien-être assuré par la pratique du Décalogue, sous le contrôle réciproque des deux souverains protecteurs. L'état de bonheur est en outre complété par l'abondance des productions

spontanées que fournissent le sol et les eaux.
Sous le climat de l'Altaï, la récolte de ces productions comprend quatre branches de travail, à
savoir : l'exploitation des chevaux, des vaches et
des bœufs, des chameaux et des moutons ; la
chasse des animaux sauvages et celle des four-
rures qui servent à payer les deux tributs ; la
pêche d'excellentes espèces de poissons dans les
rivières de la contrée, et surtout dans le lac Té-
letz ; enfin, la cueillette des amandes du *Pinus-
Cembra* et des quatre délicieuses espèces de
fruits - baies qui croissent en quantités immenses
dans les forêts et dans les clairières de cette
contrée.

J'ai pensé qu'il serait utile de résumer ici, en
quelques mots, l'enseignement du général Vlangali. Ce résumé offre le précis le plus sommaire
des monographies de familles, dont nous nous pro-
posions de recueillir tous les éléments, en 1853,
dans cette expédition qui promettait d'être fruc-
tueuse à la science sociale, grâce à la réunion
de toutes les ressources nécessaires et au patronage spécial du souverain de la Russie. Je me
suis étendu quelque peu sur ce sujet, dans l'es-
poir que nos Unions françaises et étrangères,
fécondées par la publicité de la *Revue,* réalise-
ront le projet que je n'ai pu exécuter.

## § 11

**Comment la science sociale et l'histoire attribuent aux pasteurs-émigrants la transition de l'état de bonheur à l'état de prospérité.**

Le rôle utile que les peuples pasteurs ont rempli dans l'antiquité la plus reculée a été entrevu par les premiers historiens dont les opinions, sinon les œuvres, sont parvenues jusqu'à nous. Quelques-unes des incertitudes nombreuses qui subsistent à cet égard sont progressivement dissipées par deux sciences toutes modernes, à savoir : par la science sociale qui a pour objet l'observation directe des sociétés humaines ; par l'histoire positive qui a pour base l'observation des traces que les sociétés anciennes ont imprimées sur le sol.

Jusqu'à ce jour, les efforts combinés de ces deux sciences n'ont découvert aucun indice qui fixe avec précision l'origine de l'humanité. Les notions les plus anciennes sur la condition des races primitives seront toujours fournies par l'observation des plus vieux monuments, qui conservent fidèlement la trace des civilisations disparues.

Dans l'état actuel des deux sciences, ces notions peuvent se résumer comme il suit :

Cinquante siècles avant l'ère moderne, il existait au centre de l'Asie une race pastorale qui possédait le bonheur fondé sur la satisfaction des deux besoins essentiels à l'homme, c'est-à-dire sur la possession des moyens de subsistance et sur la soumission au Décalogue. Ce genre de bonheur se perpétuait sur chaque territoire par l'organisation d'un judicieux régime d'émigration. Les émigrants que je viens de signaler pénétrèrent les premiers sur le fertile Delta de la Basse-Égypte. Ils y conservèrent les mœurs de leurs ancêtres, et fondèrent ainsi la puissante nation agricole dont la prospérité est attestée par de nombreux monuments.

Des phénomènes analogues se reproduisirent pendant toute la durée de l'antiquité. Vingt-quatre siècles avant l'ère moderne, d'autres races pastorales, développées à l'orient de la première, fondèrent l'empire commercial de la Chine. Depuis qu'il est établi, cet empire a traversé plusieurs époques de corruption; mais il a toujours été ramené à la prospérité par les invasions périodiques de ses pasteurs tributaires qui conservent fidèlement la pratique du Décalogue. Le rôle bienfaisant des pasteurs fut indiqué sur les steppes du Pont-Euxin et du Danube, pendant les dix derniers siècles, par Homère et les écrivains de l'ancienne Grèce. Ces derniers signalèrent même sous le nom d'*Hyperboréens* le courant de pasteurs et de chasseurs qui, se dirigeant du Wolga vers le nord-ouest, constitua des races prospères sur les rivages poissonneux de la Baltique et de la mer du Nord. En général, les pasteurs de l'antiquité qui remplirent ces grandes fonctions sociales, importaient sur les territoires qu'ils occupaient la pratique du Décalogue avec les coutumes de la propriété patronale ou familiale. Puis ils complétaient la Constitution essentielle en organisant la religion et la souveraineté.

## § 12

### Comment la prospérité des grands empires a entraîné l'agglomération des hommes, la complication du travail, puis la souffrance.

Les grands empires n'ont jamais joui du bonheur qu'assure la simplicité de l'existence aux chasseurs et aux pêcheurs de la région boréale. Par compensation, ces empires ont fait naître la prospérité qui a pour bases la richesse, la science et la force. Toutefois ils n'ont obtenu ce résultat qu'en créant l'inégalité des conditions. Ils ont multiplié les familles incapables de se procurer la subsistance par la récolte des productions spontanées sur la propriété communale.

En développant outre mesure les industries

agricoles et manufacturières, ils ont courbé la plupart des chefs de famille sous le poids de rudes travaux. Ils les ont ainsi abaissés au-dessous du niveau où se tiennent, depuis les premiers âges de l'histoire, les pêcheurs, les chasseurs et les pasteurs de la région boréale. Ils ont notamment détruit en eux les aptitudes nécessaires pour remplir certains devoirs envers leurs enfants, à savoir : pour enseigner le Décalogue et pour réprimer la violation de cette loi suprême de l'humanité.

Ces transformations ne sont pas toutes incompatibles avec la prospérité fondée sur la paix : la souffrance naît seulement de l'exagération de co régime. On en atténue d'ailleurs les inconvénients en organi-ant la religion, la souveraineté et le patronage, qui complètent la Constitution essentielle pour les nations chez lesquelles le simple état de bonheur est remplacé par l'état de prospérité. A cet effet, on confie à trois classes d'hommes l'exercice des devoirs que ne peuvent plus remplir les pères de famille. On crée des gouvernants pour punir la violation de la loi morale, des clergés pour en répandre la connaissance, des patrons pour assurer à chaque famille la possession du pain quotidien. Dans cet état de complication, on ne saurait, à la vérité, changer la nature de l'homme : les trois classes dirigeantes ne procurent point, dans toute sa plénitude, à leurs subordonnés l'état de bonheur que « l'amour paternel » assure à chaque famille chez les races simples. Les sages qui fondent les grands empires se préoccupent tout d'abord de cette difficulté. En conséquence, ils s'appliquent à établir la paix sociale sur l'accord de deux sentiments : ils développent autant que possible, chez le peuple, « l'esprit d'obéissance, » et chez ceux qui dirigent « l'esprit de paternité ».

Malheureusement cet accord n'a été durable, dans le passé, chez aucun empire prospère; et toujours la rupture a eu pour cause la corruption des classes dirigeantes. Oubliant le principe de leur institution, elles n'ont point rempli les devoirs de la paternité. Elles ont même opprimé ceux qu'elles devaient servir. Non seulement elles ont manqué à leur mission de paix, mais, en poussant le peuple à la révolte, elles ont déchaîné la discorde.

Cette corruption des classes dirigeantes a entraîné des conséquences fort diverses pour les nations. Les unes ont persisté dans le mal, et elles ont descendu, jusqu'à une ruine complète, tous les degrés de la décadence. Les autres ont retrouvé la prospérité en accomplissant, dans leur constitution sociale, les réformes nécessaires. Toutefois, ces retours vers le bien n'ont jamais été permanents : il n'existe aucun empire qui, depuis son origine, reste classé au premier rang. Tous semblent être condamnés, quand ils échappent à la ruine, à tourner dans un cercle vicieux de prospérité et de souffrance.

Je me demande, depuis un demi-siècle, si cette condition de l'humanité est réellement fatale, si notamment la permanence du bien-être peut exister seulement chez les races simples des zones glacées que la rigueur du froid rend inaccessibles pour les armées des grands empires. La Bibliothèque sociale (§ 16) démontre implicitement que les sociétés humaines peuvent se procurer le bien-être sous tous les climats. Je vais rappeler dans les paragraphes suivants l'état présent de la prospérité et de la souffrance chez les principales nations : je signalerai aussi les passages de cette Bibliothèque où le lecteur trouvera les éléments de cette démonstration.

## § 13

### L'état présent de prospérité et de souffrance.

L'étude des monuments de l'ancienne Égypte prouve de plus en plus la longue durée des époques pendant lesquelles les premières races qui peuplèrent cette contrée, surent conserver les avantages de la prospérité fondée sur la paix.

L'histoire moderne, et surtout celle des quatre siècles écoulés depuis la Renaissance, met en pleine lumière l'infériorité relative qu'ont offert à cet égard les Européens. On commence à entrevoir les causes de cette infériorité.

Les habitants de l'ancienne Égypte y avaient directement importé la pratique du Décalogue. Chacun d'eux avait sur la loi morale des convictions énergiques, inculquées par la tradition des ancêtres. Dans de telles conditions, la fécondité inouïe du territoire développa rapidement la population, puis la richesse, la science et la force qui sont les principaux résultats de la prospérité. Ayant ainsi devancé les autres races d'hommes, ils restèrent longtemps à l'abri de la guerre que celles-ci entreprirent plus tard, sous l'inspiration des convoitises suscitées par la richesse du Delta, quand les Égyptiens s'affaiblirent par la corruption. Depuis cette première époque de prospérité, la fonction bienfaisante des pasteurs s'est progressivement amoindrie, et, à vrai dire, elle ne s'exerce plus aujourd'hui que sur l'empire chinois (C.e., V, 12). Les grands empires qu'ils ont fondés dans l'Asie méridionale, comparés à l'ancienne Égypte, ont été relativement éphémères. Il en a été de même pour ceux que les beaux exemples de l'ancienne Égypte ont créés dans le bassin de la Méditerranée.

Il en sera de même, selon toute apparence, 

pour les trois grands empires, l'Angleterre, la Russie et les États-Unis, qui, depuis l'âge de la houille, ouvert en 1830, se développent rapidement sous les climats froids et tempérés contigus à la région boréale (C.e., V, 9 à 11). C'est le résultat que font prévoir les événements accomplis depuis la Renaissance, si les gouvernants de ces empires ne comprennent pas la nécessité de se soumettre à l'ensemble des dix commandements et de s'interdire surtout l'effusion du sang humain. Pour atteindre ce but, ils doivent se méfier d'eux-mêmes, et ne pas oublier qu'ils ne possèdent pas les éléments de paix que les pasteurs de la Mongolie et les Lamas du Thibet ont conservés jusqu'à ce jour aux Chinois.

La souffrance actuelle des Européens et du puissant essaim qui grandit depuis trois siècles sur le sol de l'Amérique, a pour explication des causes nombreuses qui dérivent de certains faits primordiaux. Les races qui gouvernent depuis la chute de l'empire romain, n'ont point reçu directement la tradition des races pacifiques qui fondèrent la prospérité de l'ancienne Égypte. Ces traditions ont été d'ailleurs fort amoindries par les régimes de violence qui précédèrent leur établissement définitif dans l'occident de l'Europe. Pendant les quatre siècles qui suivirent la conquête, les habitudes de violence s'amoindrirent grâce à la doctrine du christianisme; mais elles furent réveillées, à partir du ix°, par la corruption des chefs du clergé, issus pour la plupart des familles dirigeantes chez lesquelles se perpétuaient ces habitudes.

Depuis la Renaissance, le développement de la population et les progrès de la richesse, de la science et de la force augmentent le mal qui régnait au moyen âge. Les riches abandonnent les coutumes de patronage pour se livrer au luxe et aux plaisirs sensuels; les lettrés s'appuient sur les découvertes des savants pour ruiner, dans l'estime des peuples, les plus bienfaisantes pratiques du Décalogue; les gouvernants enfin abusent de la force publique qui leur est confiée pour opprimer ceux qu'ils devraient protéger et pour envahir le territoire des nations voisines. Heureusement ces transformations, qui ont maintenant pour résultat la pénurie du pain quotidien, la révolte des peuples et la guerre, pourraient aisément aboutir à l'abondance, à l'amour des gouvernements et à la paix.

## § 14

**Comment l'humanité pourrait sortir du cercle vicieux de prospérité et de souffrance.**

Dans tous les temps, comme je viens de l'indiquer, l'invasion de la souffrance a lieu tôt ou tard chez les nations compliquées. C'est notamment ce qui arriva en France aux XIe et XIIe siècles de l'ère moderne. A cette époque la défaillance se manifestait surtout dans le clergé (R.s., 14, I), tandis que les riches et les gouvernants conservaient en partie l'esprit de violence de leurs ancêtres et continuaient à enfreindre le Ve commandement. Une innovation fut alors tentée pour accomplir la réforme : l'Université de Paris fut fondée (1200) pour l'enseignement public de la religion et des sciences qui s'y rapportent. De grands résultats furent obtenus; mais, après deux alternances principales de prospérité et de souffrance, le mal est maintenant plus développé que jamais. Le clergé est revenu au bien sous la pression des épreuves qu'il a subies, tandis que les riches et les gouvernants, infidèles pour la plupart à la pratique du Décalogue, laissent la population privée en grande partie du pain quotidien.

Guidée par les récentes découvertes des historiens et des vrais savants, voués à l'étude des sciences physiques, l'École de la paix sociale crée, depuis 1855, un enseignement qui répond au besoin actuel de réforme, en tenant compte à la fois des préjugés que l'opinion dominante oppose aux préceptes de la religion, et de la supériorité qu'elle attribue aux démonstrations fournies par les sciences de la nature. Elle propage une méthode qui a été signalée comme un modèle par l'Académie des sciences, et qui permet à chacun de constater lui-même les causes éternelles de la prospérité et de la souffrance des sociétés. Cette méthode est le fruit d'un travail de vingt-six années. Elle a été appliquée pendant le même laps de temps par beaucoup de personnes. Toujours elle a fait naître chez celles-ci les convictions auxquelles conduit aussi l'étude impartiale de l'histoire.

Cet enseignement n'a été donné jusqu'à ce jour, par les maîtres de l'École, que dans le cercle de la vie privée. J'ai indiqué dans la Bibliothèque sociale les motifs qui le rendent digne de figurer dans un établissement public, où seraient réunies toutes les sciences fondées sur la méthode d'observation (C. e., VI, 10). Quant aux réformes signalées par la méthode aux maîtres de l'École, elles sont indiquées dans l'ensemble de la Bibliothèque et notamment dans *les Ouvriers européens*. Celle qui a spécialement pour objet la pénurie actuelle du pain quotidien est mentionnée dans la plus récente publication, la Constitution essentielle de l'humanité (C. e., V, 13).

Selon les enseignements de l'histoire, les grands empires qui se sont successivement constitués après ceux de l'ancienne Égypte, ont tous offert les mêmes caractères. Ils ont pris naissance et se sont développés dans la région tempérée de l'hémisphère boréal. Au contraire, ils ont été dans tous les temps à peine représentés dans la région tempérée de l'hémisphère austral. Après quelques alternances de souffrance et de prospérité ou, en d'autres termes, de corruption et de réforme, ils sont enfin tombés dans une décadence irrémédiable et ont donné le spectacle d'une ruine complète. Seules, quelques régions chaudes de l'Asie, la Chine et le Bengale, par exemple, ont joui d'une prospérité exceptionnelle sous des souverainetés ayant leur principal siège dans la région tempérée de l'hémisphère boréal. Il ne semble pas que des faits analogues se soient produits dans les régions chaudes de l'Afrique et de l'Amérique.

Les ouvrages qui constituent la Bibliothèque sociale (§ 16), et spécialement les passages cités dans le présent paragraphe, démontrent que la répartition de la prospérité et de la souffrance offre de nos jours des caractères analogues à ceux du passé. Les quatre grands empires-de l'époque actuelle se développent encore presque exclusivement dans la région tempérée de l'hémisphère boréal;' ils sont à peine représentés par quelques territoires dans l'hémisphère austral. Certains faits, qui se produisent maintenant sous l'influence des idées européennes en Angleterre, en Russie et aux États-Unis, donnent lieu de craindre que ces trois grands empires ne soient pas plus durables que ceux de l'antiquité. Au contraire, plusieurs symptômes tendent à établir que l'empire chinois a devant lui un avenir brillant. Si les douze petits États européens du Continent ne réalisent pas sans délai l'Union dont j'ai signalé la nécessité impérieuse (C. e., V, 13), on peut prévoir que la domination des régions chaudes d'Afrique et d'Amérique sera un jour assurée à cet empire. Les populations de sa région chaude sont, en effet, maintenues, par les gouvernants de la région tempérée, dans la soumission à l'autorité paternelle et à la loi morale. Leur multiplication rapide accroît chaque jour la pénurie du pain quotidien. Les émigrants chinois de cette région se dirigeront donc de plus en plus vers les autres contrées agricoles où la chaleur et l'insalubrité du climat sont mortelles pour les ouvriers émigrants de l'Europe. Les émigrants du Bengale, sont déjà recherchés comme ceux de la Chine dans les colonies européennes de la mer des Indes et des Antilles.

Les Anglais, en s'établissant dans la contrée chaude du Bengale semblent résoudre un problème qui intéresse vivement l'avenir de l'humanité. Ils emploient dans le gouvernement de l'empire indien, récemment proclamé, une multitude d'agents tirés de la Grande-Bretagne. Ces derniers s'enrichissent, sans se multiplier et même sans constituer une race indigène, en sorte qu'ils doivent être remplacés, à défaut des rejetons que ne leur fournit guère leur propre famille, par de nouveaux agents venus de la mère patrie. On peut se demander si l'Union européenne des douze états situés au nord de la Méditerranée, n'assurerait pas un débouché analogue aux populations surabondantes de ces États, dans les régions chaudes de l'Afrique septentrionale et en particulier du Soudan. Une question analogue peut d'ailleurs être posée pour la contrée chaude du bassin de l'Amazone.

En se concertant avec l'École de la paix sociale, les voyageurs, attirés sur ces deux continents par l'étude de la vie sauvage, trouveraient dans les réponses que ces questions exigent un emploi utile de leur activité.

Nous avons dressé pour ceux de nos amis que le régime d'émigration intéresse, les deux tableaux suivants. Ils y verront deux faits saillants. Dans l'hémisphère austral, les régions froides sur lesquelles le bonheur est assuré par la pratique relativement aisée du Décalogue sont peu étendues; dans la région chaude des tropiques abondent les terres où la prospérité est presque interdite aux populations indigènes par l'ardeur du climat. Cette prospérité pourrait leur être procurée par les familles de la région froide ou tempérée qui, grâce à leur morale, viendraient, comme les Anglais dans le Bengale, présider au gouvernement de la région chaude sans y faire souche.

## ÉTAT PHYSIQUE ET SOCIAL DU GLOBE TERRESTRE

| LES GRANDS EMPIRES<br>ET LES PETITS ÉTATS | Surfaces en millions de kilom. car. |
|---|---|
| Les quatre grands empires signalés ci-dessus. | 65 03 |
| Les douze petits États européens qui, en se confédérant, fortifieraient le règne de la paix. . . . | 4 17 |
| Le surplus du monde habité . . . . . . . . | 63 49· |
| Les terres inhabitées . . . . . . . . . . . | 0·99 |
| Les mers intérieures et l'Océan . . . . . . . | 376 38 |
| Surface totale du globe. . . . . . . | 510 08 |

## LES CLIMATS DU GLOBE TERRESTRE

| LES TERRES SOUS LES CINQ CLIMATS | Surfaces en millions de kilom. car. |
|---|---|
| Région froide de l'hémisphère boréal. . . . . . . | 19 20 |
| Région tempérée de l'hémisphère boréal . . . . . | 42 46 |
| Région chaude des tropiques . . . . . . . . . | 68 03 |
| Région tempérée de l'hémisphère austral. . . . . | 2 93 |
| Région froide de l'hémisphère austral. . . . . . | 0 90 |
| Terres inhabitées. . . . . . . . . . . . . | 0 99 |
| Mers intérieures et Océan . . . . . . . . . | 376 38 |
| Surface totale du globe. . . . . . . | 510 08 |

## § 15

### Les cinq institutions de l'École.

La « Société d'économie sociale » est, par rang d'ancienneté, la première institution de l'École. Elle fut fondée en 1856, sous le patronage de l'Académie des sciences de Paris, et elle a son siège dans cette ville. Au nombre de ses fondateurs, figuraient les cinq commissaires, MM. Charles Dupin, de Gasparin, Bienaymé, Boussingault et Mathieu[1], sur le rapport desquels cette compagnie venait de décerner à l'ouvrage intitulé *les Ouvriers européens* le prix de statistique institué par M. de Montyon. Admise le 15 mai 1869 au nombre des établissements d'utilité publique, elle est depuis lors autorisée en cette qualité à recevoir des dons et legs. Un autre savant illustre, M. J.-B. Dumas, qui est aujourd'hui secrétaire perpétuel de l'Académie

---

[1] M. Mathieu était le beau-frère de M. François Arago, membre du gouvernement provisoire de 1848, secrétaire perpétuel de l'Académie des sciences. M. Mathieu avait été spécialement chargé de rappeler en toute occasion la vive sympathie que ce savant illustre avait conçue pour la méthode des *Ouvriers européens,* au milieu des impressions pénibles qu'avaient laissées dans son souvenir les conférences organisées au palais du Luxembourg en mai 1848,

des sciences, se trouvait également au nombre des fondateurs, et il se trouve encore parmi les membres du *Conseil d'administration*. M. Villermé, auteur du *Tableau physique et moral des ouvriers,* fut son premier président.

La société d'économie sociale comprend deux sortes de membres, savoir : des *patrons fondateurs,* payant une subvention annuelle dont le minimum est fixé à 100 fr., et qui s'élève parfois jusqu'à 1,000 fr.; des *membres titulaires* payant annuellement 20 fr. Elle est dirigée collectivement par un conseil élu en permanence et par un secrétaire général; enfin, elle est présidée par un membre du conseil renouvelé chaque année par l'élection.

Les recettes de la société ont pour emploi la publication de deux ouvrages : l'un, *les Ouvriers des Deux Mondes,* étend au globe entier, selon le vœu exprimé dans le rapport des commissaires de l'Académie, la méthode d'observation et les monographies de familles ouvrières, conformément au plan adopté par l'auteur des *Ouvriers européens;* le second, *le Bulletin des séances de la société d'économie sociale,* reproduit textuellement les travaux intérieurs de chaque session.

Les « Unions de la paix sociale » sont la deuxième institution. Celle-ci, ébauchée d'abord en juin 1871, fut le produit d'un élan spontané de patriotisme, dont les détails sont rappelés dans l'ouvrage, qui fait partie de notre *Bibliothèque*, et qui a pour titre : *la Paix sociale après le désastre*. A cette époque, beaucoup de personnes, que les récentes catastrophes avaient consternées, se rappelèrent que je les avais prédites dès 1864, en publiant mon deuxième livre, *la Réforme sociale en France*. Pendant la plus grande partie de la guerre, j'habitai ma résidence du Limousin. Ne pouvant mieux faire pour la patrie, j'y avais organisé une correspondance avec un journal de Toulouse. Je reçus dans cette résidence un grand nombre de lettres, dont les auteurs m'exprimaient l'intention de mieux suivre mes conseils à l'avenir. Après la conclusion de la paix avec l'étranger et à la fin de la guerre civile, les auteurs de ces lettres se groupèrent près de moi ; enfin, en 1874, ils commencèrent à organiser les *Unions*, et me prièrent de présider à cette organisation. Toutefois, à la vue des discordes qui divisaient alors les *quatre partis réformistes*, je compris que la restauration de la paix sociale exigerait une longue suite d'efforts. Dans ma conviction intime, cette œuvre, si elle était réalisable, serait exclusivement accomplie par de vrais savants, qui s'interdiraient à eux-mêmes toute action dans le domaine de la politique. Je n'étais point assuré que mes amis garderaient la réserve dont ils comprennent main-

tenant la nécessité absolue après une expérience
de sept années. Malgré les instantes prières des
membres déjà réunis, je refusai d'intervenir en
quoi que ce fût dans l'administration ou les
actes des petits groupes locaux qui se consti-
tuaient, en France ou à l'étranger, pour propa-
ger dans leur voisinage les vérités sociales que je
recueillais depuis quarante-cinq ans par la méthode des monographies de familles. Je me bor-
nai à régler les rapports qui devaient être établis
entre le « Trésorier général » de Paris et les « Correspondants » locaux des Unions, pour l'expédition
des livres de notre Bibliothèque et la réception
des sommes qui devaient en acquitter le prix.
L'opportunité de l'autonomie qui fut alors imposée aux localités par une sorte de contrainte, est
maintenant justifiée par les résultats obtenus. Un
certain nombre d'Unions locales se sont consti-
tuées ; et l'on peut déjà entrevoir, en germe, les
coutumes qui les multiplieront en assurant le développement de chacune d'elles. Ce développement
aura lieu, du moins en France, si les classes dirigeantes conservent l'esprit de réforme que la ca-
tastrophe de 1871 avait fait naître parmi elles, après
la déplorable quiétude où elles restèrent pendant
toute la durée du second empire. La réforme
s'accomplira si la nation entière revient à l'esprit de paix qui amena en juillet 1848, parmi les
quatre partis réformistes, l'accord, trop court,

hélas! d'où sortit la loi du 15 mars 1850 sur l'enseignement secondaire, c'est-à-dire celle qui, depuis les édits de 1598 et de 1629, a le plus contribué à réagir contre les corruptions de l'ancien régime et les violences de la révolution. Enfin les Unions apporteront un concours utile à la réforme sociale de la France, car elles continuent à se multiplier, par leur propre initiative, en dehors de toute préoccupation politique.

Cette initiative toute pacifique améliorera d'ailleurs, sur un point essentiel, les mœurs de la nation. L'esprit de centralisation, qui a pour conséquence le développement rapide de notre capitale [1], est incarné dans notre race plus que dans toute autre. L'organisation des Unions fournit un moyen de réveiller quelque peu, en France, l'aptitude au *self-government*. Au moment où la création de la *Revue* fortifie l'action

---

[1] L'organisation actuelle de la ville de Paris, où affluent les familles riches du monde entier, est une des forces de la France; mais c'est en même temps son grand danger. Il importerait de conjurer le mal, en conservant le bien; et cette partie de la réforme sociale serait même facile. Toutefois nos préjugés nationaux sont, à cet égard, tellement invétérés, que je n'ai pas cru jusqu'à ce jour pouvoir aborder ce sujet, dans la crainte d'ameuter l'opinion contre l'ensemble de la réforme. La création de la *Revue* nous fournira bientôt, je l'espère, le moyen de modifier utilement pour tous les intérêts l'état présent de l'opinion publique. Les *Correspondances*, dont nous avons fait pour d'autres sujets un usage utile (O. e., I, III, xvii, 12), nous procureront ce moyen. Dans ce cas spécial, les *Correspondants* seront les hommes compétents en matière d'octroi, de guerre et d'organisation communale.

de notre École, il importe de laisser à cette institution toute la liberté dont elle a joui jusqu'à
ce jour. Ma tâche se réduit donc ici à mention-
ner les résultats de l'enquête entreprise parmi
les Unions locales, touchant les modifications
que leur semble exiger l'institution de la *Revue*.
J'indiquerai, en premier lieu, l'organisation ar-
rêtée de concert entre les Unions, le conseil de
la *Revue* et le Comité de la Bibliothèque sociale.
J'exposerai, en second lieu, le régime de travail
que la plupart des Unions semblent disposées à
mettre en pratique pour coopérer à l'œuvre de
paix, en usant de leur libre initiative.

Les *Unions de la paix sociale* comprennent des
membres « associés » et des membres « titulaires ».
Les membres associés versent une cotisation annuelle de 12 fr. (14 fr. à l'étranger) qui leur donne
droit à recevoir la *Revue*. Les membres titulaires
payent, outre la cotisation annuelle pour la *Revue*, un droit d'entrée dont le minimum est fixé
à 10 fr. Ils reçoivent en retour une valeur égale
en ouvrages choisis par eux dans *la Bibliothèque
sociale*, et livrés par le trésorier général aux
prix réduits indiqués dans le tableau final de
cette brochure. Ils constitueront ainsi le premier
noyau de la collection de livres qui leur est nécessaire pour coopérer, chacun selon sa spécia-
lité, à l'œuvre de la réforme. Ils pourront d'ailleurs compléter cette collection aux mêmes prix,

quand ils le jugeront opportun. Pour être admis dans les Unions de la paix sociale, il faut être présenté par un membre, ou adresser directement au « Secrétaire général » des Unions une demande d'admission. Les noms des membres nouvellement reçus sont publiés dans la *Revue*.

Les versements sont adressés, soit directement, soit par l'intermédiaire des « Correspondants » de chaque groupe, à M. Dupont, trésorier général des *Unions*, 35, rue de Grenelle, à Paris. Celui-ci fait envoyer à chacun la *Revue* et les ouvrages auxquels il a droit.

Pour les membres admis dans les *Unions* avant le 1er janvier 1881, rien n'est changé aux anciennes conditions; ils peuvent, à leur choix, continuer à recevoir, en échange de leur cotisation, les livres de la *Bibliothèque*; ils peuvent aussi opter pour l'abonnement à la *Revue*.

Quant à l'organisation locale et aux régimes de travail que la plupart des Unions semblent devoir adopter, ils peuvent être résumés dans les termes suivants. Grouper autant que possible les membres de chaque Union, de manière à profiter des rapports déjà établis entre eux par les autres branches de travail et les anciennes habitudes de sociabilité. En revanche, rapprocher les membres les plus zélés des diverses Unions de la même contrée, conformément aux rapports déjà établis par les habitudes, anciennes ou nouvelles, du gouvernement local. Selon l'expérience acquise depuis le 15 janvier 1881, le principal travail de ces membres les mettra en rapport avec le comité de rédaction de la *Revue*. Il consistera surtout à transmettre à ce comité les faits sociaux observés dans la localité. D'après le degré d'importance, ces faits seront, soit mentionnés, soit reproduits dans la *Revue*. Chaque Union peut aussi s'adresser au secrétaire général des Unions pour obtenir des renseignements sur l'organisation et les travaux des autres Unions françaises ou étrangères. Les réponses seront adressées par l'intermédiaire du correspondant local.

Les deux corporations de bien public que je viens de décrire sont en quelque sorte les chevilles ouvrières de notre instrument de paix. En restant fidèles aux traditions déjà établies et en se fortifiant par la combinaison des efforts, elles pourront être justement appelées, les *sociétés sœurs* de l'École. Dans leur état actuel, elles ont provoqué successivement la création de trois institutions complémentaires. Celles-ci, tout en restant dans le cercle de la vie privée, mettent dès à présent les maîtres de l'École en communication avec le public. Les frais que ces institutions entraînent sont supportés par des donateurs généreux. [illegible]

En premier lieu, « l'école des voyages » a été

organiséo pour formor, dans le sein même de la société d'économie sociale, des hommes capables do procéder méthodiquement à la rédaction des monographies de familles destinées à la collection ayant pour titre *les Ouvriers des Deux-Mondes*. Cette institution a formé en même temps dos maîtres ayant l'aptitude nécessaire pour fonder, avec la faveur du public et par le choix de leurs confrères, l'université de la réforme sociale (C. e., vi, 10), qui organisera pour la première fois l'enseignement de la paix, grâce à la confiance que l'on accorde de nos jours à la méthode scientifique.

En second lieu, *les conférences de la paix* commencent à être appréciées du public. Déjà ce genre d'instruction est régulièrement réclamé par plusieurs grandes villes de la France et de l'étranger. C'est là un des symptômes de la transformation qui se produit maintenant dans les idées et les mœurs de l'Occident. Ainsi, par exemple, certaines sociétés, créées à l'origine pour procurer à leurs membres diverses sortes de délassements, s'adressent maintenant à nos conférenciers pour connaître les moyens de salut que les vérités de la science fournissent implicitement aux nations.

En troisième lieu, enfin, le Comité de la Bibliothèque préside à la composition et à la vente des ouvrages publiés, depuis 1855, par les efforts combinés des maîtres de l'École et de la société d'économie sociale. Il comprend à la fois les auteurs qui composent, à leurs propres frais, les manuscrits, pour les livrer gratuitement aux éditeurs, et les chefs de la maison Mame, imprimeurs à Tours, qui se dévouent depuis 1870 à la réforme sociale (C. e., document annexé, § 4), et vendent au prix de revient les ouvrages qu'ils éditent. Cette cinquième institution de l'École a pour but la réduction incessante des prix de vente : elle facilite ainsi, autant qu'il dépend d'elle, l'œuvre de propagande que poursuivent les *Unions de la Paix*.

## § 16

### PRÉCIS DE LA BIBLIOTHÈQUE SOCIALE

#### L'histoire, l'enseignement et la pratique de l'École.

Arrivé au terme de cette brochure, je crois pouvoir comme conclusion en présenter le resumé suivant :

Depuis les premiers âges de l'humanité, le bien-être fondé sur la paix a été seulement acquis à deux sortes de races humaines.

Les premières constituent les sociétés *heureuses* et simples où le Décalogue est enseigné aux enfants et pratiqué dans la famille, sous l'autorité du père et de la mère.

Les secondes constituent les sociétés *prospères* et *compliquées*, où les deux époux, en raison même de la complication du travail qui procure la subsistance, deviennent, pour la plupart, incapables de remplir leur double devoir d'enseignement et de contrainte. Ce devoir est alors confié à deux corps publics. Le premier comprend « les ministres de la religion », chargés d'enseigner le Décalogue aux enfants et aux hommes faits. Le second est formé par « les ministres de la souveraineté », chargés de punir les attentats qui violent les prescriptions du Décalogue et déchaînent la discorde entre les individus et les familles.

Au fond, ces deux organisations sociales ont pour base principale l'obéissance au pouvoir suprême, formulé par les trois premiers commandements du Décalogue. En d'autres termes, la paix sociale a été toujours dans le passé assurée par la croyance en Dieu et par le culte qui lui est rendu, soit seulement dans les foyers domestiques, soit en outre dans les établissements publics, institués pour cet usage.

En ce qui me concerne, je m'explique par la nature exceptionnelle de l'homme l'origine de ce régime traditionnel des sociétés. Au contraire, certains savants, qui admirent la prospérité que procurent à plusieurs sociétés contemporaines les récentes découvertes des sciences physiques, ne voient plus dans cette tradition qu'un fait momentané. Ils continuent toutefois à affirmer la nécessité de la loi morale; mais ils réduisent cette loi aux six derniers commandements du Décalogue et, en conséquence, voient exclusivement dans le pouvoir de l'État le principe de la souveraineté. Ils concluent donc que les sociétés prospéreront dans l'avenir, sans le concours de Dieu et de l'autorité paternelle.

Cette conclusion est aujourd'hui en Europe la principale cause de discorde. L'École de la paix en démontre l'erreur et le danger. Sans doute la nature divine, étant de l'ordre immatériel, ne peut être constatée par la méthode d'observation propre aux sciences physiques; mais l'efficacité de la part faite à Dieu dans les affaires humaines reste démontrée par tous les faits de l'histoire, et elle s'explique clairement par les défaillances de l'homme. Notre École reconnaît, à la vérité, que l'utilité de la religion a été souvent compromise dans le passé par la défaillance de ses ministres; mais elle l'a été plus encore par la corruption des ministres de la souveraineté et des agents préposés au contrôle des affaires de l'État.

Dans cette situation, l'École conclut à la conservation du régime traditionnel de l'humanité. Toutefois elle réunit, dès à présent, en un corps spécial les savants de bonne volonté qui se vouent à la culture des sciences d'observation et en appliquent la méthode à la science sociale. Ce corps ne prétend point remplacer les deux corps publics qui, dans les sociétés compliquées, président à l'enseignement et à la pratique de la loi morale. Loin de là, il constitue, devant ces derniers, un auxiliaire respectueux pour la propagation des vérités mises en lumière par l'observation des faits sociaux, et pour la réfutation des erreurs contemporaines affirmées au nom d'une science fausse ou incomplète.

Un de nos moyens les plus efficaces pour convaincre les esprits sincères est de les convier à chercher avec nous si le présent ou le passé nous montrent une race d'hommes qui ait su être heureuse ou prospère sans le concours de Dieu et de son délégué, le père de famille.

Tant qu'elle n'aura pas trouvé une telle race, l'École de la paix sociale restera attachée aux traditions qui, jusqu'à l'époque actuelle, ont assuré aux sociétés humaines le bonheur et la prospérité.

# DOCUMENT ANNEXÉ

---

# LA BIBLIOTHÈQUE SOCIALE

# COMPOSITION DE LA BIBLIOTHÈQUE SOCIALE

**Publiée de 1855 au 1er juin 1881.**

La *Revue* bi-mensuelle intitulée *la Réforme sociale* a été constituée par une souscription des membres de l'École : la moitié du capital souscrit a suffi pour assurer le succès. Cette revue sera le complément naturel des ouvrages indiqués ci-dessous.

| Nos d'ordre | TITRES DES OUVRAGES | Désignation abrégée pour renvois |
|---|---|---|
| 1 | Les Ouvriers européens. . . . . . . . . | O. e. <br> M. s. |
| 2 | La Réforme sociale en France. . . . . . . | R. s. |
| 3 | L'Organisation du travail. . . . . . . . | O. t. |
| 4 | L'Organisation de la famille . . . . . . | O. f. |
| 5 | La Paix sociale après le désastre de 1871. | P. s. |
| 6 | La Correspondance sociale . . . . . . . | C. s. |
| 7 | La Constitution de l'Angleterre. . . . . | C. a. |
| 8 | La Réforme en Europe et le Salut en France. . . . . . . . . . . . . . . . | R. e. |
| 9 | La Question sociale au XIXe siècle . . . | Q. s. |
| 10 | La Constitution essentielle . . . . . . . | C. s. |
| 11 | L'École de la Paix sociale . . . . . . . | E. p. |
| 12 | Les Ouvriers des deux mondes . . . . . | O. m. |
| 13 | Bulletin des séances de la Société d'Économie sociale. . . . . . . . . . . . . | B. p. |
| 14 | Annuaire des Unions et de l'Économie de la Paix sociale. . . . . . . . . . . | A. p. |

# PRIX DE VENTE DE LA BIBLIOTHÈQUE SOCIALE

### Fixé le 1er juin 1881 par le Comité-propriétaire.

Depuis le 1er juin 1881, les prix sont fixés comme il est indiqué ci-dessous. Il est, en outre, accordé gratuitement à chaque membre des sociétés-sœurs (§ 15), en proportion de son concours, une certaine quantité d'ouvrages destinés à la propagande.

| Nos d'ordre des ouvrages | NOMBRE | | | PRIX de vente |
|---|---|---|---|---|
| | de brochures | de volumes in-18 | de volumes in-8° | |
| 1 | » | » | 6 | 39 00 |
| 2 | » | 4 | » | 8 00 |
| 3 | » | 1 | » | 2 00 |
| 4 | » | 1 | » | 2 00 |
| 5 | » | 1 | » | 0 60 |
| 6 | 9 | » | » | 2 00 |
| 7 | » | 2 | » | 4 00 |
| 8 | » | 1 | » | 1 60 |
| 9 | 1 | » | » | 0 30 |
| 10 | » | 1 | » | 2 00 |
| 11 | 1 | » | » | 0 20 |
| 12 | 1 | » | 4 | 24 00 |
| 13 | » | » | 7 | 32 30 |
| 14 | » | 2 | 3 | 15 00 |
| Totaux. . | 12 | 13 | 20 | 133 00 |

# JUGEMENTS ÉMIS EN FRANCE ET A L'ÉTRANGER

## SUR LA BIBLIOTHÈQUE SOCIALE

Les jugements émis depuis 1855 sur la Bibliothèque émanent d'auteurs placés à des points de vue fort différents. Cependant ils s'accordent en général pour reconnaître, dans l'ensemble de ces écrits, la force de la méthode employée et la rigueur des conclusions qui en ont été déduites. On a surtout remarqué la perspicacité avec laquelle le principal auteur de la Bibliothèque avait prévu l'imminence des catastrophes dont la France était menacée sous le second empire.

Le lecteur de cette brochure peut consulter, dans le document annexé à la *Constitution essentielle de l'humanité*, quelques extraits de ces nombreux jugements. Tels sont en particulier ceux qui ont été publiés : en *Angleterre,* les 15 juin et 13 décembre 1871, dans le *Saturday Review;* en *Allemagne,* 1865, par M. le Dr Schœfle, professeur à l'Université de Tubingue et depuis lors ministre du commerce en Autriche; par M. le Dr Wilhelm Roscher, professeur à l'Université de Léipzig; en *France,* par Sainte-Beuve et Montalembert.

L'accueil favorable accordé à la Bibliothèque de notre École s'explique par un fait. L'Europe est de nos jours ébranlée dans ses fondements parce qu'elle viole de plus en plus les quatre premiers Commandements du Décalogue, qui sont le principe de l'autorité et de la paix sociale. Les individus soumis à Dieu, au père et à la mère sentent donc le besoin de s'unir pour résister à ceux qui se révoltent contre ces pouvoirs. Les autorités religieuses qui, depuis le schisme du XVIᵉ siècle, ont souvent déchaîné la discorde entre les nations, commencent de nouveau à incliner vers la paix. Sous ce rapport, les divers cultes chrétiens reviennent à l'esprit d'unité qui régnait dans la primitive église. Dans leur révolte contre Dieu et l'autorité paternelle, les Français ont dépassé les autres peuples européens; mais certains symptômes donnent lieu d'espérer qu'ils leur offriront prochainement l'exemple de la réforme sociale.

Dans son Mandement pour le carême de 1881, l'illustre Cardinal-archevêque de Rouen a insisté sur l'œuvre de paix en s'inspirant des discours récents de Pie IX et de Léon XIII. Il y a rendu hommage au fondateur de l'École qui, reprenant la coutume « des anciens sages de la Grèce, est allé dans « l'extrême Orient pour recueillir les traditions du « genre humain et trouver le secret de ses destinées. » A la vue des récentes catastrophes, on commence dans notre pays à entrevoir la nécessité de fonder sur le testament la restauration de l'autorité paternelle. Cette conviction est devenue fort énergique chez nos anciens colons du Canada et de l'Ile-de-France, grâce à l'usage qu'ils y font du régime Anglais.

# TABLE DES MATIÈRES



1847. — TOURS, IMPR. MAME

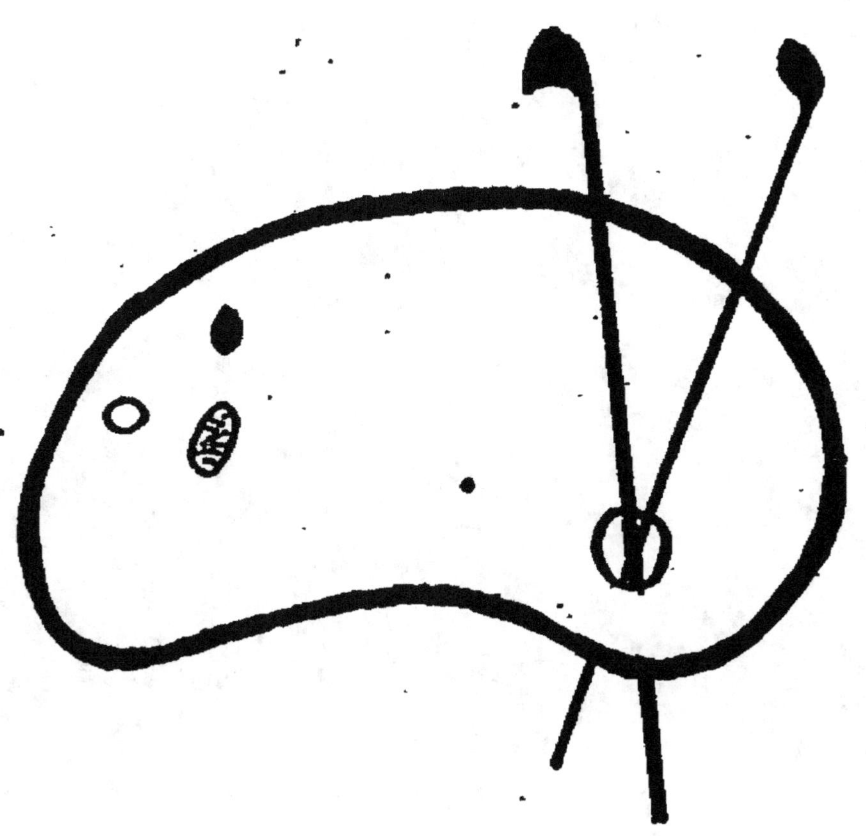

ORIGINAL EN COULEUR

Nº 2 43-120-8